LA

LIBERTÉ INDIVIDUELLE,

OU

PLAIDOYER ET RÉPLIQUE

PRONONCÉS

PAR Mr. DUPIN AINÉ, AVOCAT,

AUX AUDIENCES DES 5 ET 9 DÉCEMBRE 1826,

DANS LA CAUSE DE Me. ISAMBERT.

« La liberté individuelle des Français est *garantie* ;
» personne ne *pouvant* être poursuivi ni arrêté, que
» dans les *cas* prévus par la loi, et dans la forme
» qu'elle prescrit » Charte, art. 4

PARIS.

BAUDOUIN FRÈRES, LIBRAIRES,
RUE DE VAUGIRARD, N. 17.

1826.

IMPRIMERIE DE H. BALZAC,

RUE DES MARAIS S.-G. Nº 17.

PRÉFACE.

Le procès intenté à Mᵉ Isambert n'est pas circonscrit par son intérêt particulier. Il présente une question générale de la plus haute importance : *la liberté individuelle*.

Cette liberté restera t-elle sous la garantie de la Charte? ou sera-t-elle abandonnée à la merci des derniers agens de la Police? c'est en ces termes du moins que cette question a été posée par Mᵉ Dupin dans l'éloquente défense qu'il a prononcée pour Mᵉ Isambert son client, son confrère et son ami.

Le vif empressement avec lequel le public a suivi les débats de ce procès, nous a fait penser qu'on relirait avec plaisir un plaidoyer que les anciens auraient intitulé : *Oratio pro libertate*.

Tous ceux qui ont entendu le célèbre avocat se sont accordés à dire, et les journaux ont répété, que jamais dans aucune cause, il ne s'était encore élevé à tant de hauteur, et n'avait déployé autant de maturité et de sage énergie.

Les rédacteurs du *Globe*, en général peu prodigues d'éloges, ont loué sans restriction « cette plaidoirie si » vive, si digne, si adroite de Mᵉ Dupin. (1) » Appréciant

_____

(1) Numero du 7 décembre.

ensuite la manière de l'orateur, l'auteur de cet article continue : «.... Entendre un orateur d'un accent brusque, » saccadé, mordant, suivant toutes les nuances d'une » conversation animée, c'est déjà un vif plaisir ! Mais » qu'est-ce quand, à des raisonnemens lâches, diffus, » déclamatoires, succèdent des raisonnemens serrés, pré- » cis, contenus ! Le luxe d'éruditio , qui se mêle à tout » ce qu'écrit M⁰ Dupin, loin de déplaire, est quelquefois » d'un grand effet, grâce à sa manière anecdotique, à ses » allusions piquantes, à ses brusques ironies de retour » contre son adversaire. Mais, dégagé, comme je l'ai » trouvé dans presque tous les journaux, de ces soudaines » incidences que l'orateur y a jointes en plaidant, le dis- » cours écrit ne me rend nullement ce que j'ai éprouvé » à l'audience; tout l'exorde est bien resté, mais la dis- » cussion a perdu cette espèce de convulsion logique, » ces mots comiques, ces mouvemens de trivialité qui » émeuvent en faisant rire. Je ne sais, pour mon compte, » si c'est le contraste... qui me trompe, mais je n'ai jamais » trouvé M⁰ Dupin si naturel et si vrai : il m'a semblé » éloquent sans le vouloir, et c'est là une chose rare, » c'est le vrai triomphe de l'art. »

Nous avons cherché autant qu'il a dépendu de nous, à réparer les incorrections signalées par cet article, dans le compte que les journaux ont rendu des plaidoiries de M⁰ Dupin, rapprochant toutes les versions, interrogeant tous les souvenirs, consultant les notes sur lesquelles l'a-vocat a plaidé, et qui indiquent toutes les divisions de son discours, enfin en nous aidant des extraits et citations dont il a fait usage et qu'il a bien voulu nous communi-quer.

Avec toutes ces précautions , nous pouvons assurer que les deux plaidoiries principales sont reproduites dans cette édition comme elles ont été prononcées , à très peu de chose près. Mais pour la réplique, ce serait induire le public en erreur et faire tort à l'orateur lui-même, si nous nous flattions de l'avoir recomposée en entier. Nous l'offrons , sauf quelques rectifications , telle qu'elle a été publiée par la *Gazette des tribunaux*, en déplorant avec elle et avec tous ceux qui l'ont entendue et admirée , qu'aucun sténographe ne se soit trouvé à la fin de l'audience pour nous la conserver littéralement.

Nous terminerons en rapportant le jugement qu'en ont porté les principaux journaux qui en ont rendu compte.

Le Pilote du 17 décembre 1826.

« Mᵉ Dupin prend la parole, et sans dépasser d'une seconde les vingt minutes demandées, il aborde et réfute successivement les diverses objections du ministère public, avec une verve et une puissance de dialectique, qu'aucune impression ne saurait décrire, et qui ont paru produire la plus profonde impression. — Après qu'il a fini, les honorables confrères de Mᵉ Dupin se pressent autour de lui, et adressent à cet éloquent orateur, qui s'est vraiment surpassé dans cette réplique, les plus vifs témoignages d'admiration. »

Le Journal de Paris (ministériel).

« . . . . Cette réplique très-remarquable. »

Gazette des Tribunaux.

« Nous regrettons de n'avoir pu donner qu'une esquisse rapide de cette énergique et entraînante réplique qui a produit la plus profonde sensation. M⁰ Dupin avait demandé vingt minutes ; il a tenu parole, et rien, absolument rien n'a été oublié. — Une foule d'avocats et de personnes recommandables par leur âge et par leur rang, se pressent autour de l'orateur, et lui adressent les félicitations les plus vives et les plus sincères. — On entend M. Chauveau-Lagarde lui dire, avec l'accent de la conviction : « Bien, fort bien, mon » cher Dupin ; voilà la véritable éloquence, celle de la » raison. »

Le Courrier Français en parle dans les mêmes termes.

Journal des Débats.

« La péroraison de M. Dupin prononcée avec une chaleur d'expression que nous ne pourrions rendre, a excité un véritable enthousiasme dans l'auditoire, et quelques applaudissemens n'ont pu être contenus. »

Le Constitutionnel.

« Cette réplique d'un quart-d'heure, pleine de vigueur et d'entraînement, a fait la plus profonde sensation. Jamais cet orateur ne s'était élevé à un plus haut degré de raison et d'éloquence. »

PLAIDOYER

DE

Mᶜ DUPIN AINÉ.

PREMIÈRE AUDIENCE (5 décembre 1826).

IMMÉDIATEMENT APRÈS M. L'AVOCAT DU ROI.

MESSIEURS,

Aux procès de tendance, qui naguère ont menacé la liberté de la presse, succèdent les procès qui tendent à compromettre la liberté individuelle. La police veut conquérir l'arbitraire; et pour l'obtenir avec tous les honneurs de la guerre, c'est à la justice elle-même, c'est à vous qu'elle ose demander une autorité absolue, une puissance illimitée d'arrestation sur la personne des citoyens.

Ainsi, Magistrats, vous concéderiez aux derniers agens de la police, un droit que vous-mêmes n'avez pas : le pouvoir discrétionnaire d'enlever un citoyen domicilié à sa famille et à ses affaires hors les cas prévus par la loi, et sans observer les formes qu'elle prescrit.

Nos droits publics, tour à tour méconnus, seront-ils donc ainsi perpétuellement remis en question? La liberté ne pourra-t-elle jamais se reposer dans le sein de la loi?.....

1

Un jurisconsulte, non par soif d'une vaine célébrité, mais usant du droit et exerçant le devoir de sa profession, a contesté ce prétendu droit d'arrestation arbitraire, et le voilà soudain mis au rang des prévenus.

Ainsi, il ne nous suffit plus de défendre nos concitoyens; désormais il faut songer à nous défendre nous-mêmes. Ce n'est plus à quelques brebis écartées, c'est aux gardiens du troupeau qu'on s'attaque; mais dans ce danger, c'est encore les faibles que l'avocat aura protégés, puisque c'est pour eux qu'il s'est personnellement exposé!

Que le Barreau s'afflige de cette nouvelle accusation, je le conçois; mais qu'il se garde d'en rougir. Honneur à ceux qui souffrent pour la justice et l'humanité! Pour la seconde fois nous voyons un de nos confrères en butte à des attaques personnelles; et toujours pour un mouvement généreux! Mérilhou(1) avait voté des secours aux suspects qui seraient détenus par mesure d'exception; rentrés sous le régime légal, sous le règne d'un prince qui, le jour de son avènement, a dit : *Point de hallebardes;* ce qui signifie *liberté individuelle,* et plus de *censure,* ce qui signifie *liberté de la presse,* Isambert, fort de ces paroles et de la jurisprudence des arrêts les plus ré-

_____

(1) Odilon-Barrot était aussi du nombre de ces généreux accusés.

cens , Isambert ne veut pas même qu'on empri-
sonne ceux dont *la loi* n'autorise point l'arrestation.

La loi! telle est la devise d'Isambert. Sa vie entière est vouée à l'étude des lois : tous ses ouvrages
sont des recueils de lois : lois anciennes, en re-
montant jusqu'à l'origine de la monarchie à travers
la nuit des temps : lois modernes, depuis la restau-
ration opérée par la Charte constitutionnelle.

C'est un des hommes les plus positifs de l'époque.
Il ne vit que de textes , quand d'autres succombent
sous les commentaires. Chez lui c'est une habitude
de tout comparer avec la loi : et de même que la
Cour à laquelle il appartient casse tout ce qui lui
paraît contraire à la loi , lui, homme privé, que dis-
je , avocat et jurisconsulte, il flétrit et condamne
pro virili parte, tout ce qui porte à ses yeux le cachet
de l'arbitraire et semble violer la loi.

Et c'est un tel homme qu'on accuse de provoquer
à la désobéissance aux lois!

Quelqu'habile que soit celui que j'ai souvent nommé *le docte et laborieux Isambert,* il n'est pas à l'abri
d'une erreur, moins déplorable sans doute que celles
dont vient de parler le ministère public, qui en-
voyent l'innocence à l'échafaud, ou qui, prenant un
citoyen pour un autre, lui font faire un voyage de
deux cents lieues avec la livrée de la servitude (1) ;

---

(1) Chauvet, par exemple, resté perclus de ses membres
et sans indemnité.

mais une erreur de logique ou de doctrine. Du moins on est déjà rassuré sur ses intentions : un tel délit de sa part serait une contradiction avec son existence tout entière.

Voyons d'ailleurs plus particulièrement quel est son caractère : il nous révèlera la pensée qui dut l'inspirer en écrivant.

Isambert ne s'est pas tenu dans les vagues régions de la théorie : les principes qu'il a mis dans ses livres, il les a pratiqués dans ses actions. Appelé, par le devoir de sa profession, à la défense des intérêts froissés, il y est entré avec zèle ; et son ardeur naturelle s'est accrue toutes les fois que la position de ses cliens, étant plus malheureuse, commandait davantage la commisération et réclamait plus de dévouement : n'épargnant jamais un grand effort contre le pouvoir, dont il s'agissait de faire réformer les actes ou de signaler les excès.

La seule affaire des déportés de la Martinique est là pour attester à la postérité sa science en législation, son courage, sa persévérance, et, je dois le dire enfin, l'abnégation de sa propre sûreté, puisqu'il n'a pu lutter avec tant de vigueur sans blesser certaines vanités qui ne pardonnent guère ; ni choquer des hommes puissans, sans encourir leur puissante animadversion.

Aussi quatre dénonciations portées contre lui devant sa chambre, attestent, par leur réitération, la ténacité de la poursuite ; et par leur défaut absolu

de fondement, révèlent la haine qui les a dictées.
Je puis donc dire hardiment :

Non te nullius exercent numinis iræ ;
Magna luis commissa.

S'il se fût montré faible , timide ou rampant,
pensez-vous qu'il serait en butte à de telles persé-
cutions? Mais on l'a trouvé ferme , résolu, inébran-
lable., et l'on s'est dit qu'il fallait provoquer contre
lui une condamnation qui servirait plus tard de pré-
texte pour lui ravir son état ; afin, tout à-la-fois,
d'écarter de la lice un si rude jouteur, et d'intimider,
par l'exemple de son infortune , quiconque serait
tenté d'imiter son courage et sa vertu.

C'est ainsi qu'une citation en police correction-
nelle est venue surprendre Isambert au milieu du
triomphe que lui décernaient le Barreau et la population de Brest en jubilation , au moment même où
il venait de soustraire un malheureux soldat à l'application d'une disposition pénale évidemment abrogée, et trop semblable à celles qu'on exhume tous les
jours dans l'arsenal meurtrier des lois d'une époque ,
qu'on affecte pourtant de maudire et de détester.

Isambert a bien voulu me confier sa défense ; je
l'en remercie ; je l'ai acceptée comme témoignage
d'une amitié dont je m'honore, et d'une collabora-
tion éprouvée sur les mêmes champs de bataille ,
par un confrère qui a pris aussi pour devise : *Libre*
défense des accusés.

Dans cette lutte, d'ailleurs, je ne suis pas réduit à mes seules forces en présence d'un adversaire d'un si rare talent; je serai soutenu par une Consultation qui exprimera l'opinion du Barreau sur l'honorable avocat que je défends et sur l'accusation que j'ai à combattre. D'un autre côté, vous me voyez fortifié par la présence de ceux qui sont plus particulièrement les collègues de mon client (1). Enfin, Messieurs, ce que j'omettrai sera utilement suppléé par le jeune avocat plein de mérite et de talent que la *Gazette* a choisi parmi les habiles jurisconsultes attachés à sa rédaction, et par cet orateur éprouvé déjà dans de grandes occasions, (2) et dont les derniers accens seront répétés par le défenseur de l'*Echo*.....

Consolons-nous, Messieurs; à quelque chose malheur est bon. Le désagrément de ce procès se compense à nos yeux par l'espoir qu'il ne sera pas sans utilité pour la chose publique. On conteste un grand principe, il faudra l'examiner. On veut le renverser, et peut-être aura-t-on, sans le vouloir, contribué à l'affermir, car, dans cette lutte de l'arbitraire contre la règle, engagée devant vous, le succès pour nous ne saurait être douteux.

Je vous rappellerai d'abord, en peu de mots, dans quelles circonstances l'article incriminé a été rédigé.

(1) MM. Chauveau - Lagarde, Odilon - Barrot, Macarel, Dalloz, Taillandier, Scribe, Cotelle, etc., avocats en cassation.
(2) M⁰ Barthe, qui devait parler après M⁰ Ledru.

Je vous en présenterai ensuite l'analyse.

En dernier lieu, j'examinerai si les propositions qu'il renferme ont le caractère de criminalité qu'on leur suppose.

Attachons-nous d'abord aux circonstances dans lesquelles l'article a été rédigé. Un grand nombre d'arrestations avaient eu lieu. Le ministère public les réduit à sept pour Paris; mais il faut voir au-delà; et pour nous le malheur d'un citoyen, vexé à deux cents lieues de la capitale, nous intéresse aussi vivement que s'il était sous nos yeux. J'accorderai, si l'on veut, qu'il n'y a pas plus d'arrestations arbitraires que de coutume; mais il est du moins certain que l'on s'en est plaint plus vivement que par le passé, parce que les citoyens acquièrent chaque jour un sentiment plus vif de leur droit. Il est de fait qu'en dix mois la *Gazette des Tribunaux* en a signalé vingt-trois! la *Gazette,* qui n'a de parti que celui de la justice, et de couleur que celle que lui donnent les décisions des magistrats.

Au milieu du dédale de lois où nous sommes engagés, la *Gazette,* consultée par plusieurs lettres de ses abonnés, en réfère à M⁰ Isambert, qui rédige à la hâte l'article qui a été inséré dans le numéro du 14 septembre, et que d'autres journaux ont répété.

L'accusation a présenté cet article comme provoquant directement à la résistance à la force publique et à la désobéissance aux lois.

J'affirme au contraire, que loin de provoquer à la

désobéissance aux lois, il n'a pour but que d'en prévenir la violation; il n'a pas provoqué la résistance à la force, agissant pour l'exécution des lois, mais seulement aux gens sans qualité, agissant au mépris des lois.

(Ici Me Dupin donne une analyse de l'article, que nous ne répéterons pas, parce qu'il est assez connu de nos lecteurs.)

Il reprend. — Qu'on ne fasse donc point dire à Isambert que l'insurrection est le plus saint des devoirs! ce n'est point là sa conclusion. Il ne dit pas aux citoyens : Pour être libres, il suffit de vous révolter. Mais si vous voulez être libres, il faut étudier et connaître les garanties constitutionnelles que la loi vous offre, et en user. Il n'invoque pas la souveraineté du peuple, mais la souveraineté des lois!...

Cet article est juste, louable, facile à justifier par les lois, par les auteurs et par la jurisprudence.

Je pose d'abord, non-seulement sans contrainte, mais avec plaisir et sans restriction, le principe de l'obéissance absolue à la loi, aux magistrats compétens, à la force publique agissant pour l'exécution des lois ou des mandemens de justice. Je dis avec Loyseau, pour satisfaire les hommes justes et les bons esprits :

« Aussi, voyons-nous qu'un *petit sergent,* porteur
» du mandement de son juge, fera des défenses et
» des commandemens à un *grand seigneur,* enlè-
» vera ses biens, les vendra; voire le mettra lui-

» même prisonnier, si le cas y échet ; il faut qu'à
» tout cela il obéisse ; ou s'il prétend qu'on lui
» fasse tort, qu'il se pourvoie par les voies de jus-
» tice, implorant l'aide du magistrat supérieur, sans
» résister par voies de fait. Encore qui observerait
» l'ordonnance de Moulins, article 31, comme elle
» a lieu ès-états bien policés (ne vous y méprenez
» pas, Messieurs, Loyseau veut dire *civilisés*), sitôt
» que le sergent aurait touché de sa verge celui
» qu'il voudrait emprisonner, il serait tenu de le
» suivre volontairement, sous peine de rébellion.
» Tel est l'effet de la puissance publique, que tout
» officier, *au fait de sa charge,* a puissance légitime
» sur tous sujets de son prince, de quelque qualité
» qu'ils soient. »

Cette profession est assez large pour satisfaire
tous les gouvernemens raisonnables : lequel en effet,
lors même qu'il désirerait secrètement davantage,
oserait l'avouer ouvertement ?

Mais il est une autre maxime, corélative à la première, on ne peut les séparer. Ce qui est illégal,
arbitraire, vexatoire, n'oblige pas les citoyens, surtout quand il s'agit de violer à leur égard le premier
de tous les droits, *la liberté individuelle.*

La maxime opposée serait contraire au droit naturel, à la juste défense de soi-même ; car la dignité
de l'homme n'éclate que dans la distinction qu'il
sait faire entre le droit et la force, la justice et l'injustice ; confondez ces notions, et la vie humaine ne

différera plus de celle des bêtes féroces auxquelles M. l'avocat du Roi nous renvoyait tout-à-l'heure.

Cette maxime (opposée à la nôtre) serait également contraire à l'ordre essentiel des sociétés, à tout pacte social dans lequel on ne se soumet qu'à la loi et au magistrat compétent. Car, ainsi que le disait très-bien M. l'avocat-général Bayeux, soutenant l'accusation contre l'espion de police Colin :

« Le bien le plus précieux pour l'homme est sans » doute la liberté; et le plus grand sacrifice qu'il ait » pu faire, en se constituant en société, est d'avoir » donné *aux magistrats* le droit d'en disposer. Mais » il n'a voulu abandonner cette faculté qu'au seul » magistrat investi de sa confiance, dans des cas pré- » vus et dans les formes commandées par la loi. »

Enfin, je soutiens que cette maxime que je combats serait en opposition avec les lois positives de tous les peuples civilisés.

Une législation regardée comme l'une des plus sages de l'antiquité, la loi des XII tables, œuvre d'une aristocratie peu indulgente d'ailleurs, promulguée par une commission à la tête de laquelle se trouvait Appius Claudius, offre la gradation suivante pour les mandats d'amener. « Si quelqu'un » est appelé devant le magistrat, qu'il y aille : s'il » refuse, qu'on prenne des témoins, et qu'on l'ar- » rête, *eum capito :* s'il veut fuir et s'esquiver, *em-* » *poignez-le ;* (on rit ; M. Dupin reprend) l'expres- » sion est légale, *manum in eum injicito.* » Après les dispositions sévères, viennent des dispositions dictées par l'humanité : « S'il est malade , donnez-lui » des moyens de transport, *plaustrum ducito ;* s'il » offre caution, relâchez-le, *eum dimittito ;* que la » caution du riche soit riche , que le prolétaire en » offre une quelle qu'elle soit. »

Mais si quelqu'un ose traduire un citoyen en jugement contre la disposition des lois ? — Eh bien ! répondent les Décemvirs : *neque sequatur, neque ducatur ;* qu'il ne marche pas, et qu'on se garde bien de l'y contraindre par la force (1).

Et si cependant on veut l'y contraindre ? — qu'il repousse la violence par la force, *vim vi repellere licet.*

Je citerais bien, parmi les modernes , Delolme et Blackstone, qui rapportent plusieurs exemples d'agens de la force publique, tués sur place par ceux qu'ils avaient entrepris d'arrêter ; et tués impunément, toutes les fois qu'il a été prouvé que ces agens avaient procédé en contravention aux lois : mais je ne veux pas effrayer par des citations qui sembleraient trop fortes pour nous ; et j'aime mieux invoquer d'abord les règles de notre ancien droit.

Dans un excellent ouvrage intitulé : *Maximes du droit public Français*, ouvrage parlementaire, mais par cela même ami d'une sage liberté, tome 1er, page 225 , on trouve le passage suivant au sujet des lettres

---

(1) Pothier sur cette loi dans ses Pandectes : *Id est neque sequi teneatur, neque per vim ducere eum liceat.*

de cachet, dont l'ancienne police a tant abusé, et contre lesquelles nos parlemens ont si vivement réclamé.

« L'exécution des lettres de cachet ne tombe pas
» dans ce qu'on appelle le lien de l'obéissance. On
» ne saurait exiger l'acquiescement volontaire à un
» acte violent. Le devoir n'impose jamais la néces-
» sité de consentir à un acte qui blesse nos droits lé-
» gitimes. *L'obéissance est relative au droit de com-*
» *mander.* Si le supérieur passe les bornes de son
» pouvoir dans ce qu'il ordonne, on n'est point obligé
» de se soumettre à ses ordres. A plus forte raison
» l'obéissance n'est-elle pas due, lorsque l'ordre
» absolu entame la liberté du sujet et ses droits les
» plus essentiels. Serait-il donc possible d'imputer
» à crime et à désobéissance, le refus du citoyen
» irréprochable, qui aurait le courage de ne point
» exécuter librement une lettre de cachet surprise
» à la religion de son souverain? »

Messieurs, il s'agit de *lettres de cachet*, œuvre de police ; mais au moins il y avait des lettres. Et du reste vous savez quel abus on en faisait. Les courtisans en faisaient trafic ; et l'on cite le trait d'une dame de la Cour, qui ayant obtenu deux lettres de cachet en blanc, en vendit une à la femme pour faire arrêter son mari, et l'autre au mari pour faire arrêter sa femme. C'était de cruels abus ! mais au moins ils en portaient le nom ; et l'on ne traduisait pas en jugement ceux qui médisaient de l'arbitraire. La police

ne demandait pas à la justice de canoniser ses expé-
ditions; et quand de tels excès étaient déférés aux
tribunaux, l'équité reprenait son empire, la loi son
langage; et les actes ténébreux de la police disparais-
saient en présence de la justice comme des ombres
légères devant l'astre du jour.

Écoutez, Messieurs, un arrêt célèbre rendu par le
parlement de Paris, le 5 mai 1788, au sujet de
l'arrestation arbitraire de deux de ses membres,
qui a posé le principe avec énergie. Cet arrêt est
ainsi motivé :

« Considérant que les ministres, loin d'être ap-
» pelés aux principes de la monarchie par les dé-
» marches de la Cour, *toujours légales*, toujours
» respectueuses envers le Roi, ne s'occupent, au
» contraire, *qu'à déployer toutes les ressources* du
» despotisme, qu'ils s'efforcent de *substituer aux*
» *lois*, que les ministres viennent encore d'attenter
» à la liberté de deux magistrats de la Cour dont le
» crime est d'avoir uni leur zèle à celui de la com-
» pagnie, pour défendre les droits les plus sacrés
» de la nation.

» Considérant encore que les ordres particuliers
» qui violent l'asile des citoyens, les mettent dans
» l'impuissance de recourir aux lois, et qui ne
» tendent pas à remettre, sans délai, les personnes
» arrêtées entre les mains des juges compétens,
» *n'obligent pas légalement les citoyens.*

» A mis et met MM. Duval et Gueslard et tous

» autres magistrats et citoyens sous la sauve-garde
» du Roi et de la loi;

» Et cependant a arrêté que M. le premier prési-
» dent se transportera sur-le-champ à Versailles
» avec MM. les deux anciens présidens et MM. Da-
» mecourt, Robert, Ancelot et Barbier, à l'effet de
» représenter au Roi l'excès des malheurs qui me-
» nacent la nation, et le supplier d'écouter, dans
» sa sagesse, d'autres conseils que ceux qui sont près
» d'entraîner l'autorité législative et la liberté publi-
» que dans un abîme dont il deviendrait aux magis-
» trats peut-être impossible de les tirer. »

Et pour qu'on ne croie pas qu'en jugeant ainsi le
parlement était mû par le sentiment personnel de
l'injure qu'il avait reçue ; pour montrer au contraire
qu'il n'avait fait, en cette circonstance, qu'appliquer les règles du droit commun, nous rapporterons
le passage suivant de Jousse dans son grand *traité de
la justice criminelle*, partie 4, tit. 45, n. 8, tom.
IV, p. 79. « Il y a quelques cas, dit-il, où il est
permis à celui qu'on veut emprisonner de faire résistance ; et cela a lieu principalement lorsque celui
qui veut arrêter est sans caractère, ou lorsque ayant
ce caractère, il n'a point les marques de son ministère, ou bien lorsqu'il est porteur d'un mandement
ou d'un décret d'un juge sans caractère. »

Voilà notre ancien droit, celui qui s'observait,
ou qui du moins pouvait être professé hautement
sous l'ancien régime réputé *absolu*; et déjà l'on se

demande comment la liberté serait moins bien garantie sous un gouvernement réputé *constitutionnel?*..

Les lois ne nous manquent pas; il suffira de les citer.

(Me Dupin cite en effet la constitution du 14 septembre 1791, art. 7, qui a le mérite d'avoir été reproduite presque littéralement par la Charte : constitution du 5 fructidor an III, art. 222 et 223; constitution de l'an VIII, art. 77, 78 et 81, rappelés par l'art. 615 du Code d'instruction criminelle de 1815, édition par ordonnance du 30 août 1816.)

Enfin la Charte constitutionnelle de 1814, dont l'art. 4, placé sous le titre de *Droits publics des Français,* dit que «la liberté individuelle des Français, est *garantie,* personne NE POUVANT être poursuivi ni arrêté que dans les cas prévus PAR LA LOI, et dans la forme qu'elle prescrit. »

Remarquez ces mots, *ne pouvant,* qui, d'après le sentiment du plus grand de nos jurisconsultes, le célèbre Dumoulin, *tollunt potentiam facti,* interdisent tout pouvoir de passer outre ; sans quoi, je le demande, où serait donc *la garantie,* si l'on interprétait, *ne pourront,* par ces mots : *pourra provisoirement;* et en traduisant ceux qui suivent de cette manière : «Sans observer les cas, ni les formes prescrites par la loi? »

Pour moi, je retiens le texte de la Charte, et j'en conclus avec confiance que l'on peut, sans se rendre coupable de rébellion, résister à ceux qui veulent arrêter un citoyen hors les cas prévus par la loi et sans observer les formes qu'elle prescrit.

C'est la conséquence irrécusable des principes que j'ai commencé par poser; telle est l'opinion que je me suis faite depuis long-temps et que j'ai consignée dans mes observations sur la législation criminelle. J'ai la satisfaction de la voir confirmer par la jurisprudence des arrêts les plus récens.

En effet, dans une espèce où la gendarmerie s'était introduite par escalade dans l'enceinte d'une habitation pour y arrêter un conscrit, et où on lui avait résisté avec tant d'obstination, que le brigadier avait reçu à la tête un coup violent qui le priva d'activité pendant plus d'un mois, l'accusé fut acquitté (1), parce que la gendarmerie ayant agi par escalade avait commis un acte illégal. «La résistance, » disait l'avocat de l'accusé, *la résistance à une injuste* » *oppression,* qui, par rapport aux individus, n'est » qu'un droit en faveur de chacun, envisagé dans ses » relations avec la société, devient *un saint devoir.* »

La gendarmerie des chasses, repoussée par un propriétaire dont elle avait franchi les clôtures pour dénicher des faisans, avait d'abord porté plainte en rébellion; mais à l'audience du Tribunal de Versailles, le prévenu fut renvoyé de la plainte que le procureur du Roi refusa même de soutenir.

---

(1) Arrêt de la Cour d'assises de Toulouse.

La Cour royale de Lyon, par un arrêt du 10 juin 1824, a jugé qu'un débiteur arrêté illégalement par un huissier assisté de gendarmerie, avait pu, sans encourir le reproche de rébellion, repousser la force par la force pour se défendre d'une arrestation arbitraire.

La même Cour a encore jugé, le 24 août 1826, qu'un ouvrier avait pu s'opposer légitimement à la saisie de ses outils déclarés insaisissables par l'article 592 du Code de procédure.

Et si nous voulons des exemples pratiques, donnés récemment sous nos yeux, je citerai d'abord le sieur Dumey, qui, ayant donné asile chez lui à une femme que poursuivait un officier de paix, chassa celui-ci de son domicile, et lui fit lâcher prise, sans que personne ait imaginé de voir là un acte de rébellion. Et cependant le fait a été raconté par les journaux.

Enfin je citerai un fait plus éclatant encore, celui du gendarme en faction dans l'intérieur de la Bourse, qui prenant plus de soin de ce monument que ceux-là mêmes qui l'ont élevé à leurs frais, et s'irritant de ce qu'un négociant avait osé s'appuyer sur l'espagnolette d'une croisée, voulut le faire sortir, sans que le refus de celui-ci, soutenu par le refus de la foule des assistans qui se joignirent à lui, ait pu être surmonté, même à l'aide d'un renfort de gendarmes venus au secours de la sentinelle. Le gendarme était dans son tort; il n'y avait ni flagrant délit, ni ordre légal d'arrestation; il n'y avait pas rébellion.

Il existe, il est vrai, un arrêt de cassation du 13 mars 1817, qui a jugé le contraire.

Ici, Messieurs, honneur à la Cour de cassation; honneur à cette illustre compagnie, que tant de savans hommes ont traversée. Les étrangers même se glorifient d'en avoir été membres! Tel est, dans un royaume voisin, ce profond jurisconsulte, dont plusieurs de nos condisciples se rappellent encore les doctes leçons (1), M. Daniels, magistrat vénérable, à qui tout l'ordre judiciaire de Prusse vient de déférer un noble triomphe auquel s'est associée l'équité du souverain, en célébrant la cinquantième année de son union avec la justice; cinquante années parmi lesquelles il a compté au premier rang ses années d'exercice comme avocat; puisqu'en effet c'est contribuer à rendre la justice que de savoir la demander; cinquante années, dont on n'a point retranché en Prusse le temps de ses fonctions en France; car la justice est de tous les temps et de tous les lieux, *non est alia Romæ, alia Athenis.*

Mais après cet hommage éclatant rendu à la Cour centrale, je me demande si cet arrêt du 13 mars 1817 doit faire jurisprudence? S'il faudra le préférer aux arrêts contraires? Vous le savez, Messieurs, cette savante compagnie a souvent changé de juris-

_____

(1) M. Dupin est élève de M. Daniels. Il a suivi le Cours de droit romain que ce savant professeur faisait à l'Académie de législation avant le rétablissement des Écoles de droit.

prudence quand elle-même s'est aperçue, ou quand
on lui a démontré qu'elle s'était trompée. Et en
cela elle a fait preuve d'un grand sens. L'entêtc-
ment est le privilége des sots; et il ne doit point se
rencontrer chez ceux qui avant tout cherchent la
justice. Cela posé, qu'est donc cet arrêt du 13
mars 1817? C'est un arrêt rendu au milieu des trou-
bles de Nîmes, dans des circonstances violentes,
qui influent sur tous les hommes dans quelque si-
tuation qu'ils soient placés : car nous sommes
tous sous la puissance des faits. D'ailleurs cet arrêt
est contredit par d'autres, et notamment par un
arrêt du 14 septembre 1815, qui a déclaré qu'il
n'y avait pas rébellion dans la résistance apportée par
une réunion armée à l'organisation de la garde na-
tionale.

On m'objectera que c'est aussi un arrêt de circonstance, parce qu'il s'agissait de l'exécution des
ordres donnés par *l'usurpateur!* Eh bien, précisément nous y voilà; un ordre illégal n'oblige pas.
Mais est-on donc seulement usurpateur quand on
usurpe un trône? c'est là l'usurpation au premier
chef; mais le subordonné qui se fait maître, celui
dont les fonctions sont circonscrites par la loi et
qui les excède, n'est-il pas aussi un usurpateur à sa
manière?

Abandonnons d'ailleurs ces arrêts si on le veut,
et prenons, suivant le conseil de Bacon, la jurisprudence en temps doux et modérés, *ex bonis et mo-*

2*

deratis temporibus. Eh bien , nous verrons que tous les arrêts qui ont admis ou rejeté les pourvois en matière de rébellion, sont basés sur la considération que le fonctionnaire agissait dans l'exercice de ses fonctions et pour l'exécution des lois.

Ma thèse est donc établie désormais :

Obéissance sans réserve à l'ordre légal , au magistrat compétent; résistance à ce qui est arbitraire ; pas de rébellion en ce cas. L'homme est innocent quand il éloigne de lui le meurtre et le strupre. Pourquoi la résistance serait-elle moins permise lorsqu'il s'agit d'éloigner de soi la souillure d'un espion qui veut mettre la main sur nous en opposition à toutes les lois ?

Il est quatre heures.

M. le président demande à Mᵉ Dupin s'il croit pouvoir finir dans une demi-heure.

Sur sa réponse négative, la cause est renvoyée à samedi matin à huit heures précises.

AUDIENCE EXTRAORDINAIRE

DU 9 DÉCEMBRE.

A huit heures et demie le Tribunal monte sur son siège. L'affluence des spectateurs et des avocats est encore plus considérable qu'à la précédente audience. On remarque dans la salle et autour de M⁰ Isambert un grand nombre d'avocats à la Cour de cassation, qui avaient été, mardi dernier, retenus par les audiences de la section civile et de celle des requêtes. M⁰ Chauveau-Lagarde, en costume, est assis à côté de son confrère.

M⁰ Dupin se lève. (Un profond silence s'établit.)

L'orateur continue sa plaidoirie en ces termes :

Messieurs,

Vous n'avez sûrement point perdu de vue les deux propositions que j'ai destinées à devenir la base de ma discussion.

1° On doit obéir sans réserve à tout ce qui est légal;

2° On peut résister sans crime à ce qui est arbitraire. J'ai fondé la démonstration de ces deux maximes sur des autorités que j'ai empruntées aux trois formes principales de gouvernement : à la république romaine, à une époque où l'élément aris-

tocratique avait toute la prédominance, et où le peuple n'avait encore obtenu ni ses tribuns ni le partage des grandes magistratures; à l'ancienne monarchie française, dont les traditions ne peuvent inspirer d'ombrage à ceux qui seraient tentés de la regretter; enfin au régime constitutionnel, incontestablement plus parfait, sous lequel nous avons le bonheur de vivre aujourd'hui.

Il ne me reste plus qu'à appliquer ces maximes à l'article qui fait l'objet de l'accusation, et à vous démontrer qu'Isambert s'est tenu dans la ligne du devoir et des saines doctrines.

Selon moi, tout se réduit à examiner si le droit d'ordonner les arrestations appartient ou non à ceux à qui M⁰ Isambert l'a contesté?

Pour ne rien omettre dans cet examen, il faut parcourir toute l'échelle légale, depuis ceux à qui la loi confère le droit le plus puissant, jusqu'à ceux dont elle restreint davantage la compétence.

Dans cette hiérarchie se présentent:

En première ligne, les magistrats proprement dits c'est-à-dire les juges d'instruction, les tribunaux et les cours;

2°. Les procureurs du roi avec leurs auxiliaires;

5°. La force publique, dont la gendarmerie forme une notable partie;

4°. Enfin la police, avec les distinctions qu'elle comporte.

Et d'abord, quant aux magistrats, bien loin de

leur contester le droit d'ordonner l'arrestation , c'est au contraire pour eux qu'Isambert l'a principalement revendiqué. « La loi, dit-il, n'a confié le » droit d'arrestation qu'aux magistrats. »—Eux seuls en effet, ont le droit de décerner des mandats d'arrêt; eux seuls ont la plénitude de juridiction sur la liberté des citoyens.

Bien loin de contester leur pouvoir à cet égard, notre plus grand espoir est fondé sur la confiance qu'ils ne voudraient pas plus élever la police jusqu'à eux qu'ils ne voudraient descendre jusqu'à elle. *

Dans tout ce qu'il a dit du pouvoir des magistrats, Isambert n'a pas même usé de la distinction proposée par Bodin entre le cas où le tort que peut occasionner l'ordre du magistrat, est réparable, et celui où il ne saurait l'être en définitive, accordant que, dans ce dernier cas, la résistance est licite. Isambert n'a pas même examiné ces questions; il n'a pas non plus parlé des questions résolues par la cour de Lyon en faveur de la résistance apportée à des contraintes par corps, et à des saisies illégales. — Je me contenterai d'observer que la loi, même en conférant un grand pouvoir aux juges, ne les a pas dispensés des formes; et l'on voudrait que les agens de police en fussent tout-à-fait affranchis!....

Quant à MM. les procureurs du Roi, nous rendrons volontiers hommage et au petit parquet et au magistrat humain et éclairé, auquel on est redevable

de cette tutélaire institution. Nous étendrons nos
éloges respectueux jusqu'à cet autre magistrat qui a
passé du tribunal où vous siégez à la tête du parquet
de première instance, et dont la dignité naturelle,
unie à tant de lumières et de bonté, est par-là même
une garantie qu'il n'excédera jamais les limites de
son autorité.

Or, Messieurs, si M⁰ Isambert, en parlant de
MM. les procureurs du roi, a limité leur droit, non
seulement au cas de *flagrant délit*, mais encore au
cas où ce délit est *de nature à emporter des peines af-
flictives ou infamantes*, il ne l'a fait que la loi à la
main. L'art. 40 du code d'instruction criminelle le
dit positivement. M. Legraverand, long-temps di-
recteur des affaires criminelles et des grâces à la
chancellerie, homme profondément versé dans la
théorie et la pratique de ces affaires, fait ressortir
avec soin ces limitations apportées au pouvoir dont
MM. les procureurs du roi ne jouissent que par exception. Voici ce qu'il en dit dans son grand ouvrage
sur la *Législation criminelle*, tom. 1ᵉʳ, p. 184.

(M⁰. Dupin lit le passage.)

Enfin, l'article 157 de l'ordonnance sur la gendarmerie du 29 octobre 1820, la même que l'accusation invoque dans d'autres articles, ne laisse aucun
doute sur ce point; il est ainsi conçu : « Toute in-
» fraction qui, par sa nature, est seulement punis-
» sable de peines correctionnelles, *ne peut consti-*

» *tuer un flagrant délit...* Le flagrant délit doit être
» *un véritable crime;* c'est-à-dire, une infraction
» contre laquelle une peine afflictive ou infamante
» est prononcée. »

Tel étant le droit *exceptionnel* de MM. les procureurs du Roi, on conçoit que leurs *auxiliaires* n'ont
pas un droit plus étendu : l'accessoire ne peut l'emporter sur le principal. Et c'est à tort, selon nous,
que l'on nous a opposé l'article 16 du Code d'instruction criminelle, qui ne concerne que les gardes
champêtres, et n'a d'application qu'aux délits *ruraux
et forestiers.* On ne peut donc pas en faire un article
général qui puisse, dans tous les cas, s'appliquer aux
procureurs du Roi.

A leur égard, l'article d'Isambert est donc encore
parfaitement irréprochable.

Passons à ce qui concerne la gendarmerie.

Il y aurait de l'injustice et de la stupidité, ou de
la malveillance à nourrir de la haine ou des préventions contre la gendarmerie. Qu'on lise notre histoire, et l'on verra comment la troupe de ligne et
les compagnies vexaient les habitans, et désolaient
les villes et les campagnes. Ces désordres ont duré
jusqu'à l'institution d'un corps qui, ne retenant du
militaire que la force et la discipline, accepta pour
devoir spécial de veiller à la sûreté des personnes et
des propriétés.

Mais par là même aussi, qu'on ne vous dise point :

« Les gendarmes ne sont pas des *docteurs :* comment
» voulez-vous qu'ils aient ce *discernement* qu'on
» exige d'eux ? »

Ce serait dépouiller la gendarmerie de son plus
bel attribut : elle n'est point une force brutale , c'est
un corps à-la-fois civil et militaire ; un gendarme est
un être essentiellement intelligent. Il doit savoir son
métier; *spondet peritiam artis :* il n'est point comme
un bâton dans la main de celui qui s'en sert, son
serment n'est point d'obéissance aveugle ; il jure :
« de ne faire usage de la force qui lui est confiée que
» pour le maintien de l'ordre et l'exécution des
» lois » (1).

Il est donc obligé de les connaître ; car il est tenu
de les observer; et passible de peines sévères, s'il
les viole ou les enfreint.

Rappelons en peu de mots les lois qui ont cons-
titué le pouvoir de la gendarmerie.

Autrefois on la nommait *maréchaussée ,* et celle
de Paris comprenait spécialement (comme on le
voit dans le rapport fait sur cette arme à l'Assemblée
constituante, par M. Alexis de Noailles, le 22 décembre 1790) une compagnie dite de *robe courte ,*
qui avait la mission spéciale d'arrêter les délinquans
en cas de *flagrant délit ,* et de *clameur publique.*

Ce corps fut réorganisé en 1790 et 1791 , avec la

_____

(1) Ordonnance du 29 octobre 1820, art. 32.

mission spéciale de *veiller* à l'ordre public , de *re-cueillir* les preuves des crimes , et de dresser des *procès-verbaux.*

La loi de germinal an VI, a été pendant long-temps un véritable Code de la gendarmerie. Mais je crois que l'accusation s'est prévalue de cette loi, sans faire assez d'attention , soit à cette loi elle-même, soit aux autres lois qui l'ont suivie.

L'art. 125 de cette loi, allégué dans la citation, n'est d'aucune influence sur la question. Cet article, qui confond les malfaiteurs de toutes les espèces avec les émigrés et les déportés, ne comprend que des cas d'exception au nombre de trente : mais ces exceptions ne constituent pas la règle ; et c'est la règle qu'il fallait chercher. On la trouve dans le ti-tre 10 qui est intitulé : *Des moyens d'assurer la li-berté des citoyens contre les detentions illégales et autres actes arbitraires ,* et dont les art. 165 et 169 restreignent *au cas de flagrant délit* les arrestations que peuvent faire les gendarmes contre les domici-liés, « à peine d'être poursuivis criminellement » comme coupables du crime de détention arbi-» traire. » (Art. 165.)

L'ordonnance royale du 29 octobre 1820, venue après le Code d'instruction criminelle qui lui-même avait déjà modifié la loi de l'an VI, abroge les dis-positions de celle-ci dans tous les points où elle se-rait contraire au Code d'instruction criminelle ,

qu'elle cite constamment et avec lequel on s'est ef-
forcé de la mettre en harmonie.

Or, cette ordonnance consacre bien aussi par
son art. 179, le droit d'agir dans la plupart des cas
d'exception spécifiés par l'art. 125 de la loi de germinal an VI contre les déserteurs, malfaiteurs, vagabonds, gens sans aveu, condamnés ou repris de
justice, etc. Mais revenant ensuite à la règle générale, à celle qu'il convient d'observer à l'égard des
domiciliés, cette même ordonnance, déterminant les
attributions de la gendarmerie, dit, art. 54, qu'elle
doit prêter main-forte toutes les fois qu'elle est
requise par ceux à qui la loi donne le droit de la
requérir; art. 67, que les mandemens de justice peuvent être notifiés et mis à exécution par les gendarmes; art. 155 et suivans, qu'ils peuvent agir en cas
de flagrant délit, lorsque ce délit emporte peine afflictive ou infamante; les art. 160 et suivans recom-
mandent aux gendarmes le respect qui est dû au domicile des citoyens; enfin l'art. 175 rappelle d'une
manière générale « que le service de la gendarme-
» rie a pour but spécial d'assurer le maintien de
» l'ordre et l'exécution des lois. »

Ainsi l'ordonnance de 1820, d'accord en cela avec
le code d'instruction criminelle et même avec le ti-
tre 10 de la loi de germinal an VI, ne consacre pas
dans les mains de la gendarmerie le droit indéfini
d'arrestation; elle ne ratifie pas indistinctement tous
ses actes, mais seulement ceux qui sont marqués au

coin de la légalité. C'est ceux-là seuls que le Code
pénal a voulu protéger lorsque, par son art. 209, il
punit comme crime de *rébellion* toute attaque, **toute
résistance avec violence et voies de fait** envers la
force publique, « agissant pour l'exécution des lois,
» des ordres ou ordonnances de l'autorité publique,
» des mandats de justice et jugemens. »

Aussi, comme je l'ai déjà dit dans une première
plaidoirie, la jurisprudence a consacré qu'il n'y
avait pas rébellion dans le fait de la résistance même
avec coups portés à la gendarmerie, lorsque bien
loin d'agir pour l'exécution des lois, elle avait agi
en contravention à leur disposition, par exemple,
en escaladant des murs et des clôtures, en violant les
domiciles sans observer les formes légales, ou en
assistant des huissiers qui excédaient leurs pouvoirs.

Eh bien, Mᵉ Isambert raisonnant aussi dans l'hy-
pothèse d'une arrestation tentée illégalement par la
gendarmerie, n'a pas été aussi loin. Il s'est bien gardé
de conseiller, même en ce cas, aucune résistance
active. Au contraire, il a bien expliqué qu'il ne fallait opposer qu'une résistance purement passive ; la
seule force d'inertie, à cette fin seulement de mieux
constater qu'il était fait violence à la personne arrê-
tée ; et du reste, s'abstenir de toute expression in-
jurieuse ; se borner à donner son nom, son adresse,
et à implorer, non pas la coopération manuelle, mais
simplement le témoignage des citoyens présens.

Qui le croirait pourtant, Messieurs, si vous ne l'aviez entendu? Ce mode innocent de défense n'a pu trouver grâce devant l'accusation : elle l'a tourné en dérision en même temps qu'elle l'a incriminé sous le rapport pénal.

Ainsi, vous a dit le ministère public, « la question se débattra au milieu de la rue ! Espère-t-on qu'il se trouvera là à point nommé un jurisconsulte habile, *un citoyen vertueux,* éclairé , pour décider la question qui souvent embarrasse les magistrats eux-mêmes? Non , les témoins de ces discussions seront des hommes plongés dans la misère, courbés sous le poids d'une grossière ignorance. Voilà comme se composeront ces aréopages impromptus, ces tribunaux nomades, surgis de dessous terre. Pour savoir s'il doit accomplir *son mandat,* l'agent de l'autorité attendra la décision des halles et le jugement des carrefours. N'était le ridicule, ne reconnaîtriez-vous pas là le dogme odieux autant qu'absurde de la souveraineté populaire ? »

J'ai voulu , Messieurs, vous rappeler la sortie toute entière.

Permettez-moi de dire à mon tour :

N'était l'accusation et la peine requise, le tableau pourrait paraître assez plaisant; mais au fond il n'y a pas tant de *ridicule* qu'on a affecté de le dire. Un citoyen vertueux se présentera ! Eh! pourquoi pas? Où va cette ironie? Ignore-t-on l'empire d'un homme juste sur la multitude même la plus débordée : *Si forté virum quem conspexêre, silent.*

Est-il donc besoin pour cela de génie ? Ne suffit-il pas du *sens commun*, pour juger si un délit est flagrant ou non ? Je dis le *sens commun*, et cela même résout la question. On ne dit pas en effet le sens de l'aristocratie, le sens de la bourgeoisie, mais *le sens commun, le sens de tous* ; et le peuple, au dire même de Montesquieu, est doué *d'un bon sens exquis.* La voix du peuple est celle de Dieu, dit le proverbe ; et combien n'en trouve-t-on pas d'applications ? La voix du peuple, accouru sur le rivage où furent jetés les naufragés de Calais, leur promettait asile et protection ; les agens de police et les gendarmes profitant du bénéfice de la tempête, les ont garottés et jetés dans les cachots !

Mais s'il était si difficile de juger d'un flagrant délit et de la nécessité d'une arrestation, je demanderais pourquoi l'art. 106 confère, dans ce cas, le droit d'arrestation à toute personne. Il est donc vrai de dire avec Isambert que « les citoyens » présens sont, aussi bien que les agens de l'auto- » rité, juges du flagrant délit. »

La clameur publique peut appeler la force ; la clameur publique peut aussi conjurer la violence ; l'art. 106 fait tout citoyen constable en présence du flagrant délit ; or toutes les fois qu'il y a tentative d'arrestation par un homme sans caractère, non porteur de mandat de justice, et agissant contre un domicilié hors le cas de flagrant délit , ou tout autre cas prévu par la loi, *c'est cet homme lui-même qui est en délit flagrant*, et qui , loin de mériter assistance , devrait être arrêté au moment où il veut commettre le crime d'arrestation arbitraire.

Vraiment, j'admire l'accusation de ne pouvoir tolérer qu'un citoyen vexé en appelle à ses concitoyens!

Nous sommes en société, et l'on nous fait une loi de l'égoïsme. Faudra-t-il donc des autorités pour justifier ce droit d'un citoyen de crier dans sa détresse : « *A moi, citoyens*! vous le voyez, je suis in- » nocent, regardez, écoutez , fixez vos souvenirs, je » me nomme un tel, je suis marchand, rue Saint- » Denis, tel n°, vous me rendrez témoignage en » temps et lieu. » Car Isambert n'a pas conseillé autre chose.

Eh bien! ce cri prétendu anarchique était autorisé par la loi des décemvirs : *Implorato*, dit la loi des douze tables : implorez des secours : *Quiritato,* appelez les quirites , les citoyens à votre aide.

Et plus près de nous enfin , les anciens Normands ne se mettaient-ils pas à l'abri derrière la seule *clameur de haro !*

Tant est vraie la réflexion de l'illustre madame de Staël, que « c'est la liberté qui est ancienne et le » despotisme qui est moderne ! »

Vous voulez montrer jusqu'où va la licence : voyez plutôt jusqu'où va l'accusation. Suivant elle, les

Français d'aujourd'hui n'ont pas un droit dont jouissaient les Normands du Xᵉ siècle !

Mais enfin, revenons à ce point précis : Isambert n'a rien contesté à l'uniforme des gendarmes. Pas de résistance active, et conséquemment pas de rébellion, car l'art. 209 ne qualifie telle que la résistance *avec violence et voies de fait.*

Mais, la police ! quel sera son droit ?

Vous le savez, Messieurs, l'ancienne police était ès mains de la justice. Un auteur, dont on ne récusera pas l'autorité, comme ami du pouvoir et de la dynastie, M. Ferrand en a donné cette raison dans son *Esprit de l'Histoire*, tom. III, pag. 47 :

« Le parlement inspectera la police, non-seule-
» ment parce qu'il faut que la police soit toujours
» juste, mais parce qu'il importe à la tranquillité
» de l'état que l'opinion publique ne sépare jamais
» ces deux idées de police et de justice. »

Depuis, on n'a que trop isolé la police de la justice. Et pendant trop long-temps, hélas ! on s'en est fait un moyen de terreur et de gouvernement. Il en est résulté une source intarissable d'abus et de vexations ; la police est devenue *générale*, et comme on l'a très-bien dit : la France est *tombée en police.*

Mais la police de la république et de l'empire peut-elle encore être, avec tous ses attributs, la police d'une monarchie constitutionnelle ?

Ce n'est pas que je veuille la réduire à surveiller

le service des *boues et des lanternes* , quoique ce soient déjà deux excellentes choses pour la propreté et la sûreté.

Entre ces extrêmes , il est un juste milieu ; les fonctions d'une police bien entendue sont encore assez belles pour mériter la reconnaissance publique lorsqu'elles sont soigneusement remplies : et pour ne pas répéter ici un lieu commun , je renvoie aux rhétoriques où se trouve l'éloge que Fontenelle a fait du lieutenant de police d'Argenson.

Mais ce que je soutiens , dans tous les cas , c'est que la police actuelle ne peut pas revendiquer pour ses derniers agens le droit exhorbitant qu'elle prétend leur attribuer , et sans lequel elle ne pourrait, dit-elle , *gouverner Paris!*

A Paris , Messieurs , nous jouissons d'un préfet de police. (Rire général.)

Il réunit plusieurs attributions : les unes avouées hautement et déterminées par la loi , les autres secrètes , toutes particulières et purement accidentelles.

Ces fonctions sont exercées par diverses classes d'agens; les uns vrais fonctionnaires publics, tels que les commissaires de police, les inspecteurs de la navigation et des ports, dont les attributions sont fixées par la loi ou par des réglemens d'administration publique, et qui ont le droit de dresser des procès-verbaux faisant foi en justice : d'autres, simples agens sans costume, sans territoire, sans caractère public.

Si les fonctions sont diverses, on y emploie aussi diverses sortes de gens. On y voit des hommes honorables, mais aussi des hommes tarés, depuis ceux qui, départis dans les salons, s'y emploient à épier et trahir la haute société, jusqu'à ceux qu'on emprunte aux bagnes, sous le titre de forçats libérés, ou de roués convertis, pour éventer les complots des malfaiteurs qui, les regardant encore comme des collègues, ne se défient pas d'eux.

C'est un ministre de la police lui-même qui l'a dit en réponse à ceux qui lui reprochaient d'employer de tels instrumens : « Trouvez-moi des » honnêtes gens qui consentent à faire ce métier. »

Pour moi, je n'attaque point ces malheureux, et je n'aime point les dures paroles qu'on se plaît quelquefois à leur adresser. Je désapprouve ces déclamations trop vives contre les agens inférieurs de la police. Je dis, au contraire, qu'il faut leur savoir gré, même du genre de services qu'ils rendent à la société, toutes les fois qu'ils parviennent réellement à prévenir un crime ou empêcher un délit. Rome affranchit les esclaves qui avaient révélé le complot des Tarquins ; elle les mit au rang de ses citoyens : ils avaient sauvé l'état.

Mais, d'un autre côté, je ne crains pas d'être contredit, si j'affirme que cette espèce d'agens, espions, forçats, brigades grises, ceux qu'Isambert a nommés agens inférieurs, subalternes, *estafiers,* ne méritent ni la même confiance, ni surtout la même considé-

3*

ration que ceux qui sont agens de la police judiciaire.

La morale y est intéressée, la pudeur le veut ainsi. J'en atteste les rumeurs qui s'élèvent au sein de la Cour d'assises, toutes les fois que certains agens de cette espèce sont appelés devant la justice pour donner des *renseignemens* et qu'ils déclinent leur qualité.

J'en tire la conséquence que tous les agens de la police indistinctement ne peuvent pas avoir le même pouvoir ; qu'on ne peut pas réclamer pour la *police grise*, qui a remplacé celle de *robe courte*, le même pouvoir que pour la police *en écharpe :* et cependant, si la doctrine de l'accusation était consacrée, tandis que les procureurs du Roi et leurs auxiliaires n'ont qu'un droit limité ; le forçat libéré, le simple mouchard, auraient un droit indéfini d'arrestation sur tous, sans s'astreindre à tels ou tels cas, et sans observer aucune des formes que la loi a données pour garanties à la liberté des citoyens.

Il faut donc user de distinction, comme l'a dit Isambert, et bien *préciser la question.*

Remarquons d'abord que la police judiciaire est désintéressée. Pas d'équivoque à son égard. Tous ceux qui ont droit de l'exercer sont énumérés dans l'art. 9 du Code d'instruction criminelle, et Isambert n'a contesté à aucun d'eux les droits que ce Code leur attribue.

Le droit personnel de M. le préfet de police n'a pas été non plus contesté par Isambert ; seulement il a contesté le droit de délégation indéfinie du pouvoir qui lui appartient, à ceux qu'il a nommés ses estafiers, c'est-à-dire aux derniers agens de son administration, à ceux qui se trouvent placés au-dessous des commissaires de police.

Ici je dois rappeler et mettre en présence de l'accusation les principes généraux sur la *délégation de pouvoirs*. Le Digeste renferme sur ce point plusieurs lois importantes ; M. Henrion de Pensey en a fait un chapitre exprès dans son bel ouvrage de l'*Ordre judiciaire*.

Or, d'après ces principes, un fonctionnaire, investi du droit qu'on appelle *coërcition* sur les citoyens, ne peut pas le déléguer à d'autres.

Suivant une autre loi, les pouvoirs qui sont l'objet d'une attribution faite par une loi spéciale à un fonctionnaire, ne peuvent être subdéléguées à d'autres.

L'auteur d'un nouvel ouvrage très-curieux, M. Dufey, dans son Histoire des Parlemens, rapporte un document dans lequel la Cour des comptes de Montpellier, demandant la suppression de la commission de Valence établie pour juger les contre-bandiers, s'élève contre « ces subdélégations de pouvoirs d'où résultent abus sur abus et une foule de dangers. »

Aussi M. Henrion remarque que quand la justice délègue quelque opération, elle n'investit pas de ses pouvoirs le premier venu, mais des hommes revêtus d'un caractère public, tel que le comporte la délégation qui leur est adressée.

Le Code d'instruction criminelle, art. 10, dit bien que M. le préfet de police peut faire divers actes de police judiciaire ou requérir *les officiers de police judiciaire* : mais c'est bien dire qu'il ne peut pas déléguer les mêmes pouvoirs à d'autres qui ne seraient pas agens de police judiciaire.

M. Bourguignon, dans sa Jurisprudence des Codes criminels, dit positivement « que le préfet » *ne peut déléguer* les fonctions qui lui sont attribuées » par l'art. 10 du Code d'instruction, et que si elles » peuvent l'être par celui qui le remplace, en cas » de maladie ou empêchement, ce n'est pas en vertu » de délégation, mais comme suppléant légal. »

Il ne pourrait pas davantage armer les agens subalternes de mandats en blanc. Si cela se pratique, c'est plus qu'un abus, c'est un faux; car un mandat doit être signé par celui qui le délivre, art. 95 ; contenir le nom de celui contre qui il est décerné, et relater le fait dont il s'agit, et la loi qui autorise l'arrestation, art. 96. Signer tout cela en blanc pour être rempli après coup, hors la présence d'un fonctionnaire responsable, c'est un faux.

A plus forte raison, M. le préfet de police ne pourrait pas commissionner des agens avec le mandat verbal d'ordonner eux-mêmes des arrestations, en disant à qui bon leur semblera : *Je vous arrête*, quand même ils ajouteraient : *au nom du roi*, car le roi ne veut rien que ce que veut la loi, (1) et son nom sacré ne peut être invoqué que par les dépositaires de la force publique.

La question est donc circonscrite par plusieurs circonstances.

1°. La résistance n'est conseillée, ou autorisée, ou reconnue légitime, que vis-à-vis les derniers agens de la police.

2°. Ce n'est pas le droit d'exécuter un mandat légal qui est contesté à ces agens; Isambert n'a pas même abordé cette question (elle mériterait examen), il ne leur a contesté que le droit d'ordonner eux-mêmes et de leur chef, *proprio motu*, des arrestations.

3°. Ce droit même ne leur a été contesté qu'à l'encontre des *domiciliés*; ce mot n'est pas seulement écrit dans l'article d'Isambert, il y est *souligné*, pour montrer l'importance qu'il y attachait, et circonscrire la question à leur égard.

4°. Il accorde, par conséquent, le droit d'arrestation illimitée contre les malfaiteurs, les vagabonds, les filles publiques et tout ce qu'on a si justement nommé *gibier de police*.

5°. Enfin, pour le flagrant délit, Isambert n'a rien contesté, même aux derniers agens de la police : il a perpétuellement supposé qu'ils agissaient contre un citoyen non coupable de flagrant délit; et s'il a dit « que les citoyens étaient, aussi bien que les agens de

_____

(1)... Et si alicui contrà legem factum est, *non est voluntas regia*, nec jussio. BALUZ. Capitul. tom. 1. p. 542.

» l'autorité, juges du flagrant délit » signalé ordinai-
rement par la clameur publique, il a dit par-là
même que les agens de l'autorité l'étaient aussi bien
que les citoyens; il l'a dit avec l'art. 106, qui, don-
nant en ce cas le droit d'arrestation *à toute personne,* n'en refuse l'appréciation à qui que ce soit.

La question ainsi réduite doit donc être posée en
ces termes : Un agent de police subalterne peut-il,
hors le cas de flagrant délit, ordonner de son chef
l'arrestation d'un citoyen *domicilié?*

Isambert a dit non ; l'accusation dit oui : pour les
départager, il faut interroger les lois, et puisque
l'accusation est demanderesse, ce serait à elle à citer
une loi en vigueur qui ait conféré, aux agens pour
qui elle stipule, ce droit indéfini d'arrestation ; alors
seulement elle pourrait en conclure qu'en conseil-
lant de résister à ces agens on a provoqué à la désobéissance aux lois.

A Constantinople, le droit de la police est im-
mense, on en peut juger par la dernière ordonnance
qui vient de donner un collègue aux préfets de police européens. Un des articles de cette ordonnance
porte ce qui suit : « Aucun chrétien ne peut paraî-
» tre en public que coiffé d'un bonnet de peau ou
» en crin, dont on fait des sacs, sous peine d'être
» *pendu par le premier agent de police* qui le saisit en
» contravention. »

Mais ce n'est pas là de l'arbitraire; c'est la loi, la loi
de Constantinople, il est vrai. Là le grand seigneur est
despote ; il peut se déléguer tout entier. Tant pis

pour Constantinople, pour le grand seigneur et l'Empire Ottoman. Mais il n'en est pas de même dans les monarchies constitutionnelles. Les pouvoirs y sont plus modérés. Interrogeons donc encore une fois nos lois. Demandons-leur surtout ce qu'elles pensent des officiers de paix?

Créés par la loi du 21 septembre 1791, à l'imitation des constables anglais, les officiers de paix offraient une garantie dans le mode de leur nomination, leur costume et le bâton blanc qu'ils devaient porter à la main : les cas où ils pouvaient arrêter pour conduire devant le juge, et les formes étaient définies.

Supprimés par la loi du 19 vendémiaire an IV, ils ont été remplacés par celle du 23 floréal suivant, avec des fonctions limitées et définies. Cette loi maintient *le bâton blanc*, portant le mot *surveillance;* et comme symbole, sur la pomme de ce bâton, non pas une main, mais *un œil;* on aurait pu ajouter une *oreille.* (On rit.)

L'arrêté du 12 messidor an VIII, en créant un préfet de police, l'autorise à désigner des officiers de paix : il n'est plus question de costume, et ce réglement ne leur permet d'exercer des arrestations que dans le cas de flagrant délit (art. 39), ou bien contre les *prévenus* (art. 38), ce qui, dans le langage des lois criminelles, suppose, au préalable, citation, mandat, ou décision judiciaire quelconque.

Mais le Code de 1810 ne parle plus des officiers de paix. Ce Code énumère, art. 9, tous les officiers de police judiciaire ; les officiers de paix n'y figurent pas ; ils se trouvent donc de fait relégués parmi les agens de simple police.

L'article qui règle les droits du préfet de police, et qui met au nombre de ces droits celui de livrer les auteurs des crimes aux tribunaux, lui permet bien de requérir et de déléguer pour remplir ces mêmes pouvoirs, les *officiers de police judiciaire*, mais par là même lui interdit le droit de déléguer ces pouvoirs aux agens inférieurs de la police non judiciaire : *Inclusio unius est exclusio alterius.*

Ainsi, encore bien que les officiers de paix aient le droit de tout voir, surveiller, rapporter, espionner, dénoncer; bien qu'ils aient, comme tous autres agens de police, le droit d'arrêter les malfaiteurs, vagabonds et gens sans aveu; le droit encore d'arrêter tout individu poursuivi par la clameur publique, et surpris en flagrant délit; ou peut-être (on peut en douter à cause de l'art. 97 du Code d'instruction criminelle) le droit de concourir à l'exécution d'un mandat de justice, en se faisant d'ailleurs assister par les agens légaux de la force publique ; ils n'ont pas le droit d'ordonner de leur chef, *pro lubitu,* l'arrestation d'un citoyen domicilié, non coupable de flagrant délit.

Ils sont alors sans caractère légal; ils agissent sans droit; ils commettent le crime d'arrestation arbitraire; on peut refuser de leur obéir; en cela on ne désobéit qu'à eux, non à la loi. S'ils portent la main sur un citoyen, il peut s'en défendre; s'ils emploient la violence, il est permis de la repousser; et si, dans ce débat, il en coûte une oreille à Malchus, tant pis pour Malchus. Ce Malchus, vous le savez, Messieurs, était un valet du grand-prêtre, qui s'était mêlé comme espion aux soldats de la cohorte de Pilate conduite par Judas. Cet exemple est topique. (On rit.)

En résistant à ces agens dans le cas que je viens de préciser, quelle est la loi à laquelle on désobéit? Il n'en existe aucune.

Ainsi donc, en professant ces principes, Isambert ne s'est pas rendu coupable de désobéissance aux lois, ni de provocation à la rébellion à la force publique.

Car, on ne peut trop le redire, il faut pour commettre ce délit, que ceux qui se disent agens de l'autorité, agissent pour l'exécution des lois. Cela fut très-bien expliqué lors de la discussion de la loi du 17 mai 1819.

On se rappelle que le projet de cette loi, présenté aux chambres, ne contenait aucune disposition relative au délit de provocation à la désobéissance aux lois. Un député, M. Jacquinot de Pampelune, voulant réparer cette omission, proposa l'amendement suivant : « La provocation à la désobéissance aux » lois, ou *autres actes de l'autorité publique,* etc., sera » punie.... »

Mais M. le Garde-des-Sceaux, répondant à M. Jacquinot de Pampelune, s'opposa fortement à la der-

nière partie de l'amendement, relative aux *actes de
l'autorité publique, autres que les lois.* « Si les actes
» de l'autorité, dit-il, sont faits en exécution des
» lois, désobéir, résister à ces actes, c'est désobéir
» aux lois elles-mêmes. Mais si ces actes n'étaient
» point une exécution des lois, si même ils étaient
» contraires aux lois, et les agens de l'autorité sont
» tellement nombreux que la supposition n'est
» point impossible, dans ce cas, faut-il prescrire
» l'obéissance? la prescrire sous des peines? »

Aussi, et dans l'application, voit-on un assez
grand nombre de décisions modernes qui ont ou
acquitté des citoyens qui avaient résisté à de pareils
actes arbitraires, ou condamné des agens de police
qui s'en étaient rendus coupables. L'affaire de l'a-
gent de police Caffin, traduit à la Cour d'assises de
Paris, en avril dernier, a offert un incident remar-
quable, que j'emprunte au débat.

« L'accusé Caffin, confronté avec le sergent Thi-
berge, dit :

« J'ai fait le service de la place, j'en connais tous
» les détails mieux que lui; je sais quelle est la con-
» signe des postes; cette consigne les oblige à gar-
» der un individu au corps-de-garde pendant dix
» heures, même pendant une nuit, par cela même
» qu'il y est conduit par un agent de police. (Ru-
» meur dans l'auditoire.)

» M. le président Dupuy lui dit avec surprise:
» Comment pouvez-vous avancer une pareille as-

» sertion ? Ne savez-vous donc pas, vous qui
» dites savoir tant de choses, que la police n'a le
» droit de faire arrêter un citoyen que dans le cas
» de flagrant délit, ou sur un mandat décerné par
» un magistrat! La police peut, dans l'intérêt de la
» sûreté publique, donner à ses agens la mission de
» surveiller les individus suspect; mais cela ne leur
» donne pas le droit de les faire détenir dans un
» corps-de-garde. Toute arrestation de ce genre,
» faite sans mandat d'arrêt, hors le cas de flagrant
» délit, est un acte arbitraire, puni par la loi. Si
» vous n'aviez pas donné l'ordre d'arrêter M. Tran-
» chell, ce serait le sergent du poste qui serait le
» coupable. »

Voilà le langage du magistrat il est conforme à
celui d'Isambert; seulement il a plus d'autorité : et il
serait vraiment curieux d'imprimer sur trois colonnes
l'article d'Isambert, l'allocution le M. le président
de la Cour d'assises, et l'accusaon! La quatrième
attendrait votre jugement....

Eh bien! a dit M. l'avocat du roi, précisément,
puisqu'on condamne les agens qui font des arrestations arbitraires, prenez-les à partie; voilà le re-
mède : mais commencez par obéir

Ainsi, Messieurs, l'arbitraire jouait de l'exécution
provisoire, et la liberté individuelle n'en jouira pas.

A ce sujet, permettez-moi encore d'invoquer l'autorité des parlemens, car leur histoire atteste qu'ils
ont défendu toutes nos libertés anciennes, comme

l'histoire de la magistrature nouvelle attestera qu'elle
défend tous nos droits constitutionnels.

Le parlement d'Aix, dans ses remontrances du
28 juin 1753, *sur le refus d'obéir aux ordres non con-
formes à la loi,* dit : « On objecte enfin, comme
» maxime de convenance, qu'il est dû au moins une
» *obéissance provisoire,* sans préjudice de réclama-
» tions ultérieures. Cette objection présente d'abord
» une apparence spécieuse; mais dans la réalité, il
» n'en est point de plus *meurtrière à la loi.* »

En effet, Messieurs, la loi ne vit et n'est en honneur que par l'exécution qu'elle reçoit ; la laisser en-
freindre par provisin, c'est la déflorer, c'est lui
dire : « Laissez-vou violer d'abord, plus tard vous
vous plaindrez d'attntat à la pudeur. »

On objecte qu'u arrêt de cassation du 5 janvier
1821 aurait jugé le contraire ; — j'en serais vraiment
fâché pour la Cor. Mais déjà je remarque que
l'espèce dans laquée il a été rendu est sans analo-
gie avec l'hypothès d'Isambert, Dans l'espèce de
l'arrêt, il avait un commissaire de police (officier
de police judiciair) , et il était porteur d'un mandat qu'on soutena seulement entaché d'irrégula-
rité ; et encore Séy qui le rapporte, faisant en
cela le devoir d' bon arrêtiste , élève-t-il des
doutes raisonnabl sur la doctrine de cet arrêt.
Mais Isambert n'a s raisonné dans une espèce de
ce genre ; il n'élèv de question que pour le cas où

un agent de police non judiciaire agit de son chef
et sans mandat.

C'est donc le cas de dire avec M. Carnot : « Quand
l'article 4 de la Charte racevra-t-il son exécution,
si ce n'est quand on s'oppose à des exécutions que
non-seulement elle n'autorise pas, mais qu'elle défend? »

Revenons donc à la loi, à l'art. 209 du Code pénal, interprété par les arrêts de Lyon, qui ne voit
pas rébellion dans toute espèce de résistance, mais
seulement dans la résistance opposée à ceux qui
agissent pour l'exécution des lois et des mandemens
de l'autorité.

Mais ce n'est pas assez d'avoir démontré l'illéga-
lité de cette doctrine : voyons ses dangers.

A qui confierait-on ainsi ce droit d'arrestation il-
limité sur les citoyens?—à des agens qui n'ont pas
même de costume.

Or, Messieurs, est-il besoin de vous rappeler la
puissance du costume? L'habit ne fait pas le moine,
il est vrai; mais il le pare, mais il aide à le recon-
naître. Tout fonctionnaire, quand il agit, doit en
être revêtu. Vous-mêmes, Messieurs, vous ne ren-
dez jamais la justice sans porter les insignes de votre
magistrature. Vos huissiers ont grand soin de mettre dans leurs exploits *décoré suivant la loi*. Nous ai-
mons à contempler l'écharpe du commissaire et de
l'adjoint ; les officiers de 1791 avaient leur bâton
blanc ; enfin la police a si peu d'antipathie pour les

costumes, qu'elle en a infligé un aux cochers de cabriolets malgré eux ; qu'elle en donne aussi à ses espions, du moins on les connaîtra (Rire général).

Sans cela on peut raisonnablement, malgré la carte dont il est porteur, douter si celui qui se dit agent ou officier de paix est un fonctionnaire ou un voleur.

Dans la fable du loup et de la chèvre, il ne suffisait pas de dire *foin du loup* pour entrer. « Montrez-moi patte blanche, ou je n'ouvrirai point, » répondait le chevreau. Mais quelle garantie offre une simple carte tenue dans la poche, et qu'il est si facile de contrefaire ou de supposer?

Et qu'on ne me dise point que ces cas sont chimériques. Toutes ces fables se sont réalisées. Je tiens à la main une liasse d'arrêts et de jugemens portant condamnation contre des voleurs qui s'étaient introduits chez les citoyens en montrant de fausses cartes et se disant agens de police.

On renvoie les victimes à un recours en prise à partie ; recours, hélas, trop souvent illusoire ! Qu'espérer en effet d'un arrêt tardif, qui, pour réparation, privera des droits civils un forçat libéré, et le condamnera à des dommages-intérêts qu'il n'a pas de quoi payer?

Et puis, les peines, même efficaces, dont ces agens deviendraient l'objet, peuvent-elles donc indemniser le citoyen d'une détention arbitraire? Pour des préjudices très-graves nés d'erreurs judiciaires, on s'est écrié malheur! malheur irréparable! comme si par ces deux exclamations tout était soldé. Vingt-quatre heures de prison pour une erreur de police, sont donc bien peu de chose en comparaison : Petit malheur! petit malheur! mais si petit qu'il soit, pourquoi réduire le citoyen à s'y soumettre, pourquoi décerner la provision contre la liberté? n'est-il donc pas plus juste de se soustraire à un mal que d'en chercher la tardive réparation? et c'est bien ici que prévenir vaut mieux que réprimer.

Ah! comme la chose deviendrait claire si quelque grand personnage était ainsi arrêté arbitrairement sur la voie publique, ne fût-ce que pour quelques instans! Il est dans l'ordre social certains inconvé-niens dont on n'est touché que lorsqu'on les a vus se produire dans de grandes occasions qui sortent de la classe ordinaire.

Ainsi, je connais un département où tel chemin serait encore à réparer si la voiture de M. le préfet n'y eût cassé ou versé.

J'ai bien lu la fable des polissons qui jetaient des pierres à Esope ; le malheureux n'avait à sa disposition aucun moyen de les réprimer, que fit-il? Il leur donne un sou, s'excusant de ne pouvoir leur donner davantage ; mais il leur conseille de recommencer leur jeu avec un homme riche et puissant qui traversait en ce moment la place ; *huic similiter*, leur dit-il ; mais ce matador n'entendit pas raillerie. Il les fit pendre, dit La Fontaine, cédant en cela un peu

trop aux idées de son temps ; Phèdre se contente de
dire qu'il les fit punir.

Nous avons vu dernièrement dans ce palais même
un trait de ce genre. Au bas du petit escalier intérieur qui conduit de la chambre des appels correc-
tionnels à la cour d'assises, on place un factionnaire
dont la consigne, apparemment mal donnée, était
encore plus mal exécutée. Le soldat avait déjà plusieurs fois brusqué de jeunes avocats, et même
déchiré la robe de l'un d'eux. Pauvre Ésope ! mais
un président passe ; la sentinelle, au lieu de recon-
naître ce magistrat à la fierté de sa démarche, à la
noblesse de son maintien, l'arrête, l'interpelle avec
rudesse, et même va jusqu'à le prendre au collet.
Rumeur universelle : un magistrat ainsi traité ! On
mande l'officier du poste au parquet de M. le pro-
cureur-général. De meilleurs ordres sont donnés,
et c'est à présent un vrai plaisir de monter par ce
même escalier. (Rire général.)

En résumé, Messieurs, je crois avoir complète-
ment réfuté les deux chefs d'accusation, et avoir
démontré : 1° qu'il n'existe pas de loi à laquelle Isambert ait conseillé de désobéir ; 2° qu'il n'y a pas eu
de sa part provocation à la rébellion dans le sens de
l'article 209.

J'ai dû m'élever contre cette doctrine d'obéissance
provisoire à des hommes sans pouvoir ; de soumis-
sion passive à des actes arbitraires et illégaux. Avec
cette doctrine, il n'y a plus de liberté possible. Tout

deviendra permis contre les citoyens ; nos garanties
disparaîtront ; un impôt illégal sera perçu sans loi,
non plus à peine de concussion contre ceux qui
l'exigeront, mais à peine de rébellion contre ceux
qui refuseront de le payer, et qui résisteront à la
saisie de leurs effets.

Un principe plus vrai est celui de la résistance à
l'arbitraire ; non de cette résistance à laquelle on
appelle les masses, et qui constituerait la rébellion ;
mais la résistance individuelle, à ses risques et périls,
en présence de la loi. Alors, de deux choses l'une :
ou la résistance sera jugée mal fondée, parce que
l'exécution était légale, et, dans ce cas, le citoyen
sera puni des peines sévères que le Code pénal
de 1810 inflige à la rébellion ; ou, au contraire,
cette résistance sera trouvée légitime, et alors le
citoyen, qui aura seulement éloigné le mal de sa
personne, sera absous ; et celui-là seul sera puni, qui
aura tenté ou consommé le crime d'arrestation arbitraire, ou de violation de domicile.

Dans cette combinaison, on trouve exécution des
lois, liberté, constitution, régime légal.

La doctrine contraire, celle qui donne la provision à l'arbitraire, est meurtrière à la loi ; elle tue
tous les droits, elle rend le citoyen esclave de tout
agent de l'autorité quelqu'incompétent qu'il soit ;
elle est contraire à la liberté que les lois nous pro-
mettent, que la Charte royale nous garantit, et dont
nous avons droit de jouir.

Je termine par une considération. Quelle serait donc cette question que l'on impute à Mᵉ Isambert d'avoir résolue par la négative? Ce serait une question controversée!... Une question qui aurait partagé les auteurs et les arrêts.... la Cour de Lyon et la Cour de cassation.... la Cour de cassation avec elle-même, puisqu'elle a rendu des arrêts divers..., et que les auteurs et les arrêtistes, MM. Carnot, Sirey et d'autres, ne s'y sont pas rendus !

N'est-il donc plus permis de discuter librement sur le droit et les lois, sur la jurisprudence et sur le bien ou mal jugé des arrêts?

Si la législation est insuffisante et obscure, changez-la; faites une loi nouvelle. Mais en attendant, et précisément pour que cette loi à venir ne soit pas la plus mauvaise possible, laissez les jurisconsultes débattre la question.

Si l'amélioration de nos lois en dépend, on doit ajouter que la libre défense des citoyens y est intéressée. Je n'entends pas seulement cette défense d'un seul individu, qui a des priviléges spéciaux ; mais cette défense générale du droit commun qui prévient les malheurs particuliers.

Magistrats, si la nation aime ses Rois, on peut dire aussi qu'elle aime ses juges qui, dans d'autres temps, furent aussi les rois des nations. La magistrature en France est vénérée au-delà de toute autre fonction publique : on se réfugie à votre Tribunal comme au pied des autels; on est également sûr d'y trouver protection : mais il faut en convenir aussi , on a de fortes préventions contre la police. Vous saurez, à l'exemple des cours souveraines, vous élever aux plus hautes considérations de l'ordre public, dans une accusation qui se lie à l'intérêt de tous. C'est la maison du voisin qui brûle, mais elle touche à la vôtre.

Le juge anglais, M. Holt, disait très-bien dans l'affaire de Tooly, accusé de résistance à une arrestation arbitraire qu'on avait voulu exercer sur l'un de ses voisins : « Quand la liberté d'un sujet est attaquée , » c'est une provocation à tous les sujets de l'Angle- » terre. » Accoutumons-nous enfin à voir l'intérêt public dans l'intérêt d'un seul. C'est aujourd'hui notre affaire ; demain ce sera la vôtre ; relisez l'arrêt de 1788. Je vous le dis , c'est la cause de la Cité toute entière ; le pacte social est partie au procès.

RÉPLIQUE.

Mᵉ Dupin demande à répliquer sur-le-champ.

M. le président : Le Tribunal ne peut pas prolonger l'audience plus d'une heure, parce qu'il doit tenir une audience ordinaire pour les causes de détenus.

Mᶜ Dupin : Un quart-d'heure ou vingt minutes au plus me suffiront.

M. le président : Vous avez la parole.

Mᵉ Dupin :

MESSIEURS,

Je n'ai pas besoin d'insister sur le point auquel M. l'avocat du Roi vient de s'arrêter avec tant de chaleur. Non, sans doute, l'accusation n'a rien de personnel au ministère public. Il s'agit avec lui d'une discussion purement légale, et avec vous d'une question toute judiciaire. Cette explication suffit; j'entre en matière.

Le ministère public a pris pour point de départ l'art. 4. de la charte. Moi, j'en ferai ma conclusion. On a d'abord voulu établir que les cas, précisés par l'article d'Isambert, n'étaient pas ceux d'arrestation arbitraire, et ensuite, qu'en supposant même qu'il y eût arbitraire, il fallait obéir par provision. Ces deux thèses se sont personnifiées en s'appliquant soit aux gendarmes, soit aux agens de police. Car pour les procureurs du Roi, les juges d'instruction, les commissaires de police, etc., ils viennent d'être écartés de la question par le ministère public lui-même. Les voilà désormais désintéressés dans la cause, qui se trouve ainsi dégagée de ce qu'elle avait de plus important.

Quant à ce qui concerne les gendarmes, je m'étonne en vérité que le ministère public ait si long-temps insisté. A leur égard la question n'est plus que de pure curiosité, puisqu'il est constant que Me Isambert n'a point conseillé envers eux le droit de résistance. Il fait un devoir au contraire de leur obéir dans tous les cas, uniquement parce qu'ils sont gendarmes. Que voulez-vous donc de plus? En cela il a été, comme je l'ai démontré, moins loin que la jurisprudence de la Cour de Lyon. Il se borne à revendiquer pour les citoyens qui ne se sentent coupables d'aucun crime, le droit bien innocent de croiser les bras, de ne marcher que comme forcés, contraints, et de dire aux personnes présentes : « Je suis un tel, je demeure à tel endroit, retenez mon nom, mon adresse pour venir au besoin déposer des violences dont je suis victime. » Je vous le demande, est-ce là provoquer à la rébellion?

Relisez, Messieurs, avec attention l'article de Me Isambert; voilà ce que vous y trouverez : lisez-le, dis-je, relisez-le, au lieu de supprimer, comme

on vous le demandait tout-à-l'heure, le cahier dans
lequel il vient d'être réimprimé. Je n'ai pas besoin
de justifier cette réimpression. C'est la première
pièce de notre défense, il fallait bien vous mettre à
portée de l'apprécier.

On nous objecte que ce droit de résistance passive,
ce droit de recourir à la plus innocente de toutes
les forces, celle d'inertie, n'est pas écrit dans le
code. Eh ! quoi, Messieurs, conçoit-on une pareille
objection dans un pays où les citoyens vivent sous
la protection de cet axiôme que *tout ce qui n'est pas
défendu par la loi est permis ?* Sommes-nous donc
comme des femmes mariées ou des mineurs qui,
pour leurs moindres actes, ont besoin d'autorisa-
tion ? depuis quand est-il nécessaire que la loi consacre des droits naturels pour qu'on ait la faculté
d'en jouir ? Non, non, Messieurs, ces droits sont
de tous les temps et de tous les pays. Ils émanent
d'un législateur supérieur à celui qui a fait les lois
de l'an 6, de l'an 8, et même de 1820....

Le code pénal définit les cas dans lesquels la résistance prend le caractère de rébellion. Elle existe
cette rébellion, quand on résiste à l'agent de l'autorité, agissant, en costume, pour l'exécution des
lois ou des mandemens de justice. Hors de là, c'est
de la part de l'agent qu'est la rébellion, c'est lui
qui viole la loi....

Ce serait donc à l'accusation, non pas à me demander une loi qui autorise la résistance, mais à me

montrer un article de loi qui la punisse, même dans le cas de tentative d'arrestation arbitraire; jusque-là je suis bien fondé à dire que, dans ce cas, il peut y avoir résistance sans qu'il y ait rébellion. •

Passons aux agens de police.

Le ministère public lui-même a déclaré qu'il n'entreprenait point leur apologie. Cependant, quels qu'ils soient, a-t-il dit, si leur autorité est légale il faudra s'y soumettre : j'en conviens avec lui. Mais il faut du moins qu'il y ait une loi; c'est elle que je demande et qu'on aurait déjà dû me citer si elle existait; mais il n'en est aucune qui ait consacré le droit exhorbitant d'arrestation des citoyens domiciliés, au profit des agens subalternes dont a parlé M⁰ Isambert. Pour ceux-là, leur autorité de fait est toute mystérieuse comme leur origine; elle n'est en général que de l'œil et de l'oreille, et très-peu de la main.

Il est vrai qu'on a voulu distinguer parmi ces agens ceux qu'on nomme officiers de paix, et, pour asseoir leur compétence, on a invoqué la loi de 1791.

Je ne suis point du nombre de ceux qui font la guerre aux époques : je le reconnais donc avec M. l'avocat du Roi; quel que soit le temps où elles sont nées, par cela seul que les lois sont des lois, il faut leur obéir.

Il est incontestable que le gouvernement royal a pu hériter des actes des précédens gouvernemens;

toutefois il n'a dû le faire qu'avec réserve et discernement, comme dans une succession embarrassée de passif et d'actif, où la moralité surtout de son auteur est suspecte à l'héritier. Alors celui-ci, pour sa sûreté comme pour son honneur, n'accepte que sous bénéfice d'inventaire ; et c'est ce qu'a fait l'article 68 de la Charte, qui n'a maintenu des actes de l'ancien pouvoir que ceux qui ne sont pas contraires aux droits publics qu'elle a proclamés. En effet, Messieurs, c'est là, c'est dans la Charte que sont écrits tous les droits des Français ; c'est là que le trône lui-même a pris racine, et que nous devons, ainsi que lui, chercher un indestructible appui. Or, cette Charte sacrée à laquelle rois et peuple ont juré d'obéir, n'a pas été placée seulement sous la protection des fonctionnaires publics, des gendarmes et de la police ; son auguste auteur l'a confiée à la fidélité de tous les Français (1).

A quoi viennent aboutir ces laborieux efforts pour redonner la vie à cette loi de 1791, abrogée, puis rétablie, enfin remplacée par l'arrêté du 12 messidor an 8, arrêté qui certes ne fut pas l'œuvre de la souveraineté populaire ! mais bien du gouvernement consulaire qui préludait à ses envahissemens. Il y tendait toutefois avec précaution. Toujours la tyrannie a d'heureuses prémices ; messidor an 8 n'est

---

(1) Proclamation de Louis XVIII en mars 1815.

pas éloigné du 18 brumaire; et en raison de cela même, on ne trouve pas encore dans l'arrêté qu'on nous oppose cette exagération à laquelle ce pouvoir toujours croissant devait atteindre seulement quelques années plus tard. Si cet arrêté autorise l'institution des officiers de paix, c'est avec des attributions fort limitées. Ce n'est qu'aux commissaires de police qu'il reconnaît le droit de décerner des *mandats d'amener*, comme leur étant déjà conféré par les lois des 28 juillet 1791 et 3 brumaire an 4. Quant aux officiers de paix, il ne leur donne le droit de procéder à des arrestations que dans les deux cas suivans : 1° s'il s'agit d'un flagrant délit, 2° contre les personnes *prévenues* de crimes ou de délits.

Or, le terme n'est pas indifférent : *prévenu*, ne veut pas dire tout le monde, qui bon vous semblera; mais seulement une personne mise en état de *prévention* par l'autorité judiciaire. Alors déjà on avait publié les codes de 1791 et de l'an 4; la langue criminelle était formée, et sans doute on ne pouvait méconnaître la véritable acception d'un tel mot dans un simple arrêté qui doit respect aux lois.

Cela posé, qu'a dit Mᵉ Isambert? A-t-il dit qu'on pouvait résister à un officier de paix, muni d'un mandat d'amener, de comparution, ou d'arrêt? En aucune façon il n'a donné le droit de résistance que contre ces agens de police si pétulans, si fort irritables, toujours prêts à mettre, de leur propre autorité, la main sur le collet des citoyens, parce qu'on les regarde de travers, parce que ces messieurs croient qu'on les *toise*, ou même parce qu'on aura eu l'impolitesse de les appeler *mouchards*. Il faut les voir alors ces personnages importans, qui se font tout à la fois, législateurs, ordonnateurs, exécuteurs: *Arrêtez-moi cet homme-là; suivez-moi; venez avec moi; au violon...* Car le violon, ne fût-ce que pour vingt-quatre heures, c'est la plus douce satisfaction pour les agens de police ; ils auront du moins vengé leur injure.

Au surplus, je pose ce dilemme : ou l'arrêté de messidor an VIII est conforme au Code d'instruction criminelle de 1810, ou il lui est contraire. S'il est conforme à ce Code, il se confond avec lui; s'il lui est contraire, en cela même il est abrogé par lui.

L'article 9 du Code d'instruction criminelle énumère tous les officiers de police judiciaire; il dit que «la police judiciaire sera exercée sous l'autorité des cours royales, et suivant les distinctions qui vont être établies; par les gardes-champêtres et les gardes-forestiers, par les commissaires de police, par les maires et adjoints des maires, par les procureurs du Roi et leurs substituts, par les juges de paix, par les officiers de gendarmerie, par les commissaires généraux de police et par les juges d'instruction. » Dans cette longue et complète énumération ne sont pas compris ni rappelés les officiers ne paix. Donc, dans le système du Code, ils ne font point partie de la police judiciaire, et ils n'ont pas le droit d'en exercer les fonctions.

Aussi l'article 10 du même Code, qui fixe les attributions du préfet de police, lui accorde le droit de délégation, mais seulement aux officiers de police judiciaire, et nullement aux officiers de police administrative. *Qui dicit de uno negat de altero.* Par conséquent les officiers de paix restent dans la classe de ces agens, qui sont dans l'administration ce qu'étaient dans le droit romain certains contrats *innommés*, et qui, par cette raison, étaient destitués d'action civile.

Reste le flagrant délit, pour lequel ces agens ont, comme tout le monde, le droit d'arrêter, avec cet avantage qu'ils y sont plus alertes. Mais ils ne peuvent pas se prétendre seuls juges du flagrant délit. La loi, en faisant un droit et même un devoir à tous les citoyens d'arrêter ceux qui se trouveraient dans ce cas, les a constitués juges de l'évidence du fait. Le Code nous a sûrement fait l'honneur de ne pas nous prendre pour des machines. Un des caractères du flagrant délit est d'être poursuivi par la *clameur publique*, par cette espèce de *verdict* que les assistans lancent à haute voix contre tout malfaiteur à l'instant même du délit. Et qu'on ne dise pas que toute répression est impossible, si les citoyens sont ainsi appelés à émettre leur avis! car la sûreté de tous y est intéressée; et tous les jours aussi la population de nos villes donne une preuve de son em-

pressement à seconder les agens de l'autorité contre
les malfaiteurs. Ainsi, dans le *Constitutionnel* de ce
matin, que je parcourais il n'y a qu'un instant, je
lis ce qui suit : « On a arrêté le 23 novembre à Lyon,
» un de ces fourbes hypocrites, qui, profitant du re-
» cueillement des fidèles, exercent dans les églises
» même leur coupable industrie. Un individu a été
» surpris au moment même où il prenait dans le sac
» d'une dame sa boîte d'or. Les assistans s'étant mis
» à sa poursuite, il a été arrêté et livré aux gen-
» darmes. »

Eh bien ! voilà le flagrant délit commis dans une
église, le vol sacrilége, prévu par le ministère public lui-même, et contre lequel il semblait craindre
qu'il n'y eût pas de moyens suffisans de répression !
Tout le monde à l'envi, a prêté main forte pour
l'arrestation du voleur.

Mais, à la place de ce filou, supposez un fabricant
de Lyon, se promenant sur la place publique, et
qu'un agent de police, après une courte altercation,
aurait entrepris d'arrêter, en disant : « Monsieur,
je vous ordonne de me suivre : gendarmes, empoi-
gnez-moi cet homme-là ; » car c'est ainsi qu'ils donnent des ordres. Le Grand Seigneur procède par
gestes ; peu s'en faut qu'ils n'agissent de même.
Certes, alors, les mêmes citoyens qui auraient arrêté le voleur, se seraient opposés à l'arrestation
du citoyen, ou du moins seraient restés neutres,
parce qu'il est *domicilié*.... *Domicilié*, notez-le bien,

Messieurs, ce mot est *souligné* dans l'article d'Isambert, et je le souligne autant que je puis dans la
prononciation. Ici, le ministère public nous arrête :
« *Domiciliés*... vous le dites! mais le domicile allé-
» gué est un fait qui exige vérification. » Ainsi,
Messieurs, en sortant de ce palais, dans l'intervalle
qui nous sépare de nos domiciles, nous sommes des
vagabonds présumés ; le premier agent peut nous
arrêter, nous chercher querelle, et nous mener à
la préfecture de police ! non, sans doute, le citoyen
ne porte pas son nom et sa véritable demeure écrits
sur son front; mais le citoyen domicilié se recon-
naîtra au calme assuré que donne une bonne conscience ; il dira à l'agent de police : « Je me nomme
» un tel, je demeure dans telle rue, à tel numéro ;
» j'y ai un établissement, un magasin; veuillez me
» suivre chez moi; cela ne vous fatiguera pas beau-
» coup; nous en sommes même plus près que de
» la préfecture de police... » Mais non, dans le système de l'accusation, tout citoyen, sans exception,
même hors le cas de flagrant délit, même avec le
témoignage d'une bonne conscience, doit déférer
à l'ordre verbal et capricieux du dernier agent de la
police ; il faut d'abord obéir et passer provisoirement vingt-quatre heures à la salle Saint-Martin, et
attendre son soulagement du petit parquet!... Voilà
l'odieux abus qu'Isambert a signalé; c'est pour ce
cas seulement, qu'il a dit que si l'agent de police
en venait à des actes de violence contre le citoyen

domicilié, celui-ci, usant du droit de défense per-
sonnelle, pourrait repousser la violence par la force.

Au lieu de cela, Messieurs, on demande la provision pour l'arbitraire, à peine de rébellion!! ·

Non, Messieurs, il n'y a point de rébellion en ce
cas : je l'ai prouvé en principe avec la loi ; et, en
fait, par les arrêts, qui en ont fait l'application en
ce sens.

A la vérité, M. l'avocat du Roi a cherché à faire
prévaloir la doctrine professée par quelques arrêts
contraires. Mais n'y a-t-il donc à ses yeux d'arrêts
vraiment dignes de ce nom, que ceux qui sont
favorables à l'accusation? Les autres ne méritent-ils
donc ni confiance ni autorité? Et faudra-t-il mettre
de côté les arrêts de la cour de Lyon pour s'en tenir
à celui de 1817, qui a mérité la censure de M. le
conseiller Carnot, et à celui de 1821, que l'arrêtiste
Sirey n'a pas cru devoir publier, sans le frapper
d'une apostille d'improbation?

S'emparant du reproche que j'avais fait à l'arrêt
de 1817, d'être un arrêt de circonstance, M. l'avocat du Roi a cru foudroyer celui de 1788, en m'ob-
jectant que c'était aussi un arrêt de circonstance.
Oui, sans doute, cet arrêt a été rendu à la veille de
circonstances graves ; mais le peuple n'y était pour
rien, les choses se passaient entre un ministère qui
voulait substituer la forme instable du despotisme à
l'action paisible des lois, et des magistrats intègres

qui prévoyaient dans quel abîme de maux des actes de violence allaient entraîner la patrie.

D'ailleurs, il y a un moyen de nous départager. A quels signes reconnaît-on un acte de circonstance? — Par son opposition ou sa conformité avec les principes. La justice n'est pas une affaire d'occasion; elle est de tous les temps. Or, il est aisé de voir que l'arrêt de 1788 est conforme à ces principes éternels dont j'ai pris soin de m'environner, à la loi des douze tables, aux plus vénérables maximes de notre ancien droit français, à ceux enfin que la Charte de 1814 a consacrés.

Mais, nous dit-on en dernier lieu, si la police n'obtient pas le droit indéfini qu'elle réclame, comment voulez-vous qu'on puisse maintenir le bon ordre dans Paris? Eh! comment donc faisait-on autrefois, du temps du Parlement, quand la police était unie à la justice? On distinguera encore une fois la police des vagabonds et des malfaiteurs, et la police des citoyens domiciliés.... Magistrats, vous le voyez, je ne réclame pas un droit nouveau; mais la liberté dont jouissaient nos pères; mais celle que nos lois nous garantissent. Relisez, méditez l'arrêt de 1788, pénétrez-vous de ses principes; et j'ai la certitude que vous ne souillerez pas vos registres par un jugement qui consacrerait une doctrine vraiment funeste à la liberté.

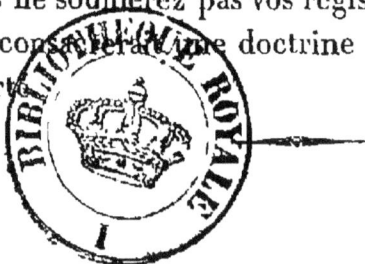

A l'audience du 16, au moment où Mᵉ Barthe faisait l'éloge de la noble conduite d'Isambert dans la cause des déportés de la Martinique, M. le président Dufour l'ayant interrompu en disant que cela n'avait point trait à l'affaire, Mᵉ Dupin se leva, et dit : « M. le président, c'est la défense de mon » client ; et nous ne disons pas seulement innocence à » Mᵉ Isambert, mais honneur à Mᵉ Isambert ! »